Es kam, wie es der Engel gesagt hatte: Maria erwartete ein Kind. Da kam ein Bote des Kaisers nach Nazareth.

Der Kaiser befahl allen, in die Stadt zu gehen, in der sie geboren worden waren. Er wollte so alle Menschen in seinem Reich zählen. Josef musste nach Bethlehem gehen, das weit entfernt war.

Die Reise war sehr anstrengend für die schwangere Maria. Nach vielen Tagen kamen sie endlich in Bethlehem an. Doch es waren so viele Menschen in die Stadt gekommen, dass es keinen Platz für Maria und Josef gab, an dem sie die Nacht verbringen konnten.

Schließlich fanden sie einen Stall, in dem sie schlafen konnten. Josef machte ihnen aus Stroh ein gemütliches Lager und in der Nacht brachte Maria ihren Sohn zur Welt. Sie wickelten Jesus in Windeln und legten ihn in eine Futterkrippe, da sie kein anderes Bettchen für ihn hatten.

In der gleichen Nacht lagerten meine Hirten und
ich mit unserer Herde vor der Stadt Bethlehem. Da
kam ein Engel zu uns und erzählte uns, dass ein ganz
besonderes Kind geboren worden war, das Liebe und
Frieden in die Welt bringen würde. Sofort machten
wir uns auf den Weg und fanden im Stall das Jesus-
kind. Wir begrüßten das Kind und versprachen,
jedem von seiner Geburt zu berichten.